BEI GRIN MACHT SICH IHR WISSEN BEZAHLT

- Wir veröffentlichen Ihre Hausarbeit, Bachelor- und Masterarbeit
- Ihr eigenes eBook und Buch - weltweit in allen wichtigen Shops
- Verdienen Sie an jedem Verkauf

Jetzt bei www.GRIN.com hochladen und kostenlos publizieren

Bibliografische Information der Deutschen Nationalbibliothek:

Die Deutsche Bibliothek verzeichnet diese Publikation in der Deutschen Nationalbibliografie; detaillierte bibliografische Daten sind im Internet über http://dnb.d-nb.de/ abrufbar.

Dieses Werk sowie alle darin enthaltenen einzelnen Beiträge und Abbildungen sind urheberrechtlich geschützt. Jede Verwertung, die nicht ausdrücklich vom Urheberrechtsschutz zugelassen ist, bedarf der vorherigen Zustimmung des Verlages. Das gilt insbesondere für Vervielfältigungen, Bearbeitungen, Übersetzungen, Mikroverfilmungen, Auswertungen durch Datenbanken und für die Einspeicherung und Verarbeitung in elektronische Systeme. Alle Rechte, auch die des auszugsweisen Nachdrucks, der fotomechanischen Wiedergabe (einschließlich Mikrokopie) sowie der Auswertung durch Datenbanken oder ähnliche Einrichtungen, vorbehalten.

Impressum:

Copyright © 2010 GRIN Verlag, Open Publishing GmbH
Druck und Bindung: Books on Demand GmbH, Norderstedt Germany
ISBN: 9783668441026

Dieses Buch bei GRIN:

http://www.grin.com/de/e-book/365293/recht-der-aktiengesellschaft-teil-2-fallloesungen-zur-fachanwaltsausbildung

Andreas-Michael Blum

Recht der Aktiengesellschaft - Teil 2. Falllösungen zur Fachanwaltsausbildung Handels- und Gesellschaftsrecht

GRIN Verlag

GRIN - Your knowledge has value

Der GRIN Verlag publiziert seit 1998 wissenschaftliche Arbeiten von Studenten, Hochschullehrern und anderen Akademikern als eBook und gedrucktes Buch. Die Verlagswebsite www.grin.com ist die ideale Plattform zur Veröffentlichung von Hausarbeiten, Abschlussarbeiten, wissenschaftlichen Aufsätzen, Dissertationen und Fachbüchern.

Besuchen Sie uns im Internet:

http://www.grin.com/

http://www.facebook.com/grincom

http://www.twitter.com/grin_com

Dr. Andreas-Michael Blum, LL.M.

Falllösungen zum Recht der Aktiengesellschaft- Teil 2

Einsendearbeit zur Lernkontrollaufgabe
Kurseinheit 4, 5: Recht der Aktiengesellschaften

Fachanwaltsausbildung Handels- und Gesellschaftsrecht
Forschungsinstitut für rechtliches Informationsmanagement GmbH
An-Institut der FernUniversität in Hagen

September 2010

Lösung Frage 1:

Zu dem Entwurf des Zeichnungsscheins der C-AG habe ich als Berater folgende Anmerkungen:

Im **Zeichnungsschein** fehlt die **Angabe über den Tag der Beschlussfassung** über die Erhöhung des Grundkapitals der C-AG, § 185 I 3 Nr. 1 AktG. Aus § 185 I 3 Nr. 1 AktG ergibt sich, dass die **Zeichnung der neuen Aktien (§ 185 AktG) frühestens** zu dem Zeitpunkt erfolgen kann, **nachdem die Hauptversammlung der C-AG einen Beschluss über die Erhöhung des Grundkapitals gefasst hat**[1].

Wesentlicher **Bestandteil des Kapitalerhöhungsbeschlusses** ist zudem die Angabe, dass überhaupt eine **Erhöhung des Grundkapitals gegen Einlagen beschlossen** wurde, § 182 I 1 AktG. Einen Beschluss fassen kann, da es sich bei der Erhöhung des Grundkapitals der C-AG um eine Maßnahme der Kapitalbeschaffung (§ 119 I Nr. 6 AktG) handelt, die zugleich eine Satzungsänderung der C-AG ist (§ 179 I 1 i.V.m. §§ 23 III Nr. 3, 4 AktG), nur die ordnungsgemäß einberufene (§ 130 I 1 AktG) **ordentliche Hauptversammlung der C-AG. Die ordentliche Hauptversammlung der C-AG kann dann auf der Grundlage einer** ordnungsgemäß bekannt gemachten (§ 124 I 1 AktG) **Tagesordnung** über die **Erhöhung des Grundkapitals der Gesellschaft gegen Bareinlagen** einen Beschluss fassen.

Bei der Einberufung der Hauptversammlung der C-AG ist der beabsichtigte **Kapitalerhöhungsbeschluss seinem vollen Wortlaut nach bekanntzumachen**, § 124 II 2 AktG. Die Festsetzungen über den **wesentlichen Inhalt der Kapitalerhöhung** erfolgen nicht im Zeichnungsschein, sondern im **Kapitalerhöhungsbeschluss selbst**, arg. § 182 I 1 AktG. Danach ist im Kapitalerhöhungsbeschluss der **Erhöhungsbetrag**, um der das bisherige Grundkapital erhöht werden soll und bei der Anmeldung ihrer Durchführung (§ 188 I AktG) auf einen bestimmten Betrag lauten muss (arg. § 23 III Nr. 3 AktG), festzusetzen.

---

[1] BGH, Urteil vom 18.03.2002 (II ZR 363/00) = BGHZ 150, 197 (201).

Die Hauptversammlung der C-AG kann statt eines festen Erhöhungsbetrages lediglich **die Höchstgrenze der Kapitalerhöhung im Kapitalerhöhungsbeschluss** (sog. „Bis-zu-Kapitalerhöhung") festsetzen und der Verwaltung die Festlegung des konkreten Erhöhungsbetrages überlassen[2]. Diese Vorgehensweise empfiehlt sich, wenn namentlich noch kein Zeichner für die Zeichnung der neuen Aktien feststeht. Bei einer „Bis-zu-Kapitalerhöhung" ist im Kapitalerhöhungsbeschluss dann außerdem ein **Zeitraum** festzusetzen, **bis zu dem die Kapitalerhöhung durchzuführen ist**[3].

Die Kapitalerhöhung kann nur **durch Ausgabe neuer Aktien** (§ 182 I 4 AktG) erfolgen. Bei Stückaktien ist die Zahl der Aktien in demselben Verhältnis wie das Grundkapital zu erhöhen, § 182 I 5 AktG. Daher hat der Kapitalerhöhungsbeschluss der C-AG die **Zahl der neuen Stückaktien**, außerdem, wenn mehrere Gattungen bestehen, **die Gattungen der neuen Aktien** (Stamm- oder Vorzugsaktien) sowie die **Zahl der neuen Aktien jeder Gattung** zu enthalten, arg. § 23 III Nr. 4 AktG. Schließlich ist festzusetzen, ob die neuen Aktien auf den **Inhaber oder den Namen** ausgestellt werden, arg. § 23 III Nr. 5 AktG.

Die Hauptversammlung der C-AG kann im Kapitalerhöhungsbeschluss einen **festen Ausgabebetrag** festsetzen. Bei **Ausgabe neuer Aktien** mit einem höheren Betrag als den geringsten Ausgabebetrag ist der **Mindestbetrag im Beschluss über die Kapitalerhöhung festzusetzen**, § 182 III AktG. In diesem Fall kann die Hauptversammlung die Verwaltung ermächtigen, den konkreten Ausgabebetrag festzulegen[4]. Die **Höhe des Ausgabebetrages** für die neuen Aktien darf nicht unter dem geringsten Ausgabebetrag (§ 9 I AktG) sein. Der geringste Ausgabebetrag ist der auf die einzelne Stückaktie entfallende anteilige Betrag des Grundkapitals (§ 9 I AktG) und darf **pro ausgegebener Stückaktie einen Euro** nicht unterschreiten, § 8 III 3 AktG.

---

[2] Aus der Fünten, Kurseinheit 4, 5: Recht der Aktiengesellschaften, Stand: 04. Juni 2009, Teil 1, Kap. G. I. 2., S. 114/115.
[3] Aus der Fünten, a.a.O., Teil 1, Kap. G. I. 2., S. 115 m.w.N. in Fn 202.
[4] Aus der Fünten, a.a.O., Teil 1, Kap. G. I. 2., S. 115.

Ein Kapitalerhöhungsbeschluss, dessen **Ausgabebetrag unter dem geringsten Ausgabebetrag (§ 9 I AktG) liegt,** ist nichtig[5]. Soll das gesetzliche Bezugsrecht der Aktionäre (§ 186 I AktG) ausgeschlossen werden, ist stattdessen ein **angemessener Ausgabebetrag im Kapitalerhöhungsbeschluss festzusetzen**. Das folgt aus mittelbar aus § 255 II 1 AktG, wonach der sich aus dem Erhöhungsbeschluss ergebende Ausgabebetrag oder der Mindestbetrag bei einem Bezugsrechtsausschluss nicht unangemessen niedrig sein darf. Andernfalls ist der Barkapitalerhöhungsbeschluss mit Bezugsrechtsausschluss anfechtbar[6].

Das **gesetzliche Bezugsrecht** der Aktionäre (§ 186 I AktG) kann nicht im Zeichnungsschein, sondern **nur im Beschluss über die Erhöhung des Grundkapitals** ausgeschlossen werden, § 186 III 1 AktG. Der Beschluss über den Ausschluss des Bezugsrechts darf nur gefasst werden, wenn die **Ausschließung ausdrücklich und ordnungsgemäß bekanntgemacht** worden ist, § 186 IV 1 AktG. Zudem muss der Vorstand der Hauptversammlung einen **schriftlichen Bericht über den Grund für den Ausschluss des Bezugsrechts vorlegen** (§ 186 IV 2 AktG), der seinem wesentlichen Inhalt nach zusammen mit der Einberufung der Hauptversammlung der C-AG bekannt zu machen (entsprechend § 124 II 2 AktG) und von der Einberufung der Hauptversammlung an in den Geschäftsräumen der C-AG auszulegen ist, entsprechend § 175 II 1 AktG[7].

Die **Beschlussfassung** der Hauptversammlung der C-AG über die Erhöhung des Grundkapitals gegen Einlagen bedarf mindestens der **Dreiviertelmehrheit des bei der Beschlussfassung vertretenen Grundkapitals (sog. Kapitalmehrheit)**, § 182 I 1 AktG. Werden im Rahmen der Barkapitalerhöhung der Gesellschaft neue Vorzugsaktien ohne Stimmrecht ausgegeben, kann die Satzung der C-AG nur eine größere Kapitalmehrheit bestimmen, § 182 I 2 Halbsatz 2 AktG. Die **Beschlussfassung der Hauptversammlung** über die Kapitalerhöhung ist **nicht Bestandteil des Zeichnungsscheins**.

---

[5] Aus der Fünten, a.a.O., Teil 1, Kap. G. I. 2., S. 115.
[6] Aus der Fünten, a.a.O., Teil 1, Kap. G. I. 2., S. 115.
[7] Aus der Fünten, a.a.O., Teil 1, Kap. G. I. 3., S. 117/118.

Der Kapitalerhöhungsbeschluss der Hauptversammlung bedarf zu seiner Wirksamkeit eines **zustimmenden Sonderbeschlusses der Aktionäre jeder Aktiengattung nur, wenn mehrere Gattungen von stimmberechtigten Aktien** vorhanden sind, **§ 182 II 1, 2 AktG**. Beschließt die Hauptversammlung der C-AG eine Kapitalerhöhung durch Ausgabe neuer Vorzugsaktien ohne Stimmrecht (§§ 12 I 2, 139 I AktG), greift § 182 II 1 AktG tatbestandlich nicht, da nur stimmberechtigte Vorzugsaktionäre einen zustimmenden Sonderbeschluss fassen können.

Hat die Satzung der C-AG sich die Ausgabe von neuen gleich- oder vorrangigen Vorzugsaktien nicht ausdrücklich vorbehalten, gilt im Umkehrschluss zu § 141 II AktG dessen Absatz 3. Nach § 141 III AktG haben die **Vorzugsaktionäre in einer gesonderten Versammlung einen zustimmenden Sonderbeschluss (§ 141 III 1 AktG) mit mindestens Dreiviertelmehrheit** (§ 141 III 2 AktG) zu fassen, falls die Ausgabe neuer, bei der Gewinnverteilung gleich- oder vorrangiger Vorzugsaktien nicht ausdrücklich in der Satzung der C-AG vorbehalten war. Die Satzung der C-AG kann weder eine andere Mehrheit noch weitere Erfordernisse bestimmen, § 141 III 3 AktG. § 141 III 4 AktG, der auf § 186 III AktG verweist, stellt klar, dass der **zustimmende Sonderbeschluss der Vorzugsaktionäre** über die Ausgabe von gleich- oder vorrangigen Vorzugsaktien insbesondere **auch den Bezugsrechtsausschluss** mit **mindestens Dreiviertelmehrheit des vertretenen Kapitals** (sog. Kapitalmehrheit) umfasst, § 186 III 2 AktG.

Der zustimmende Sonderbeschluss der Vorzugsaktionäre ist zusätzliches Wirksamkeitserfordernis zu dem Kapitalerhöhungsbeschluss. Er ist weder Bestandteil des Kapitalerhöhungsbeschlusses noch des Zeichnungsscheins.

Weil die Kapitalerhöhung der C-AG Satzungsänderung ist, kann der Zeitpunkt der Gewinnberechtigung der neuen Aktien zweckmäßigerweise im Kapitalerhöhungsbeschluss und nicht im Zeichnungsschein geregelt werden[8].

---

[8] Veil in K. Schmidt/Lutter (Hrsg.), AktG, 2008, § 182 Rz. 25.

Die **Gewinnberechtigung der neuen Aktien** kann auch rückwirkend jedenfalls ab dem Beginn des laufenden Geschäftsjahres durch die Hauptversammlung beschlossen bzw. festgelegt werden[9].

Eine Gewinnberechtigung der neuen Aktien rückwirkend zum Beginn des vorletzten Geschäftsjahres der C-AG zum 1. Januar 2008, wie im Zeichnungsschein angegeben, ist dagegen nicht zulässig, weil damit in den mitgliedschaftlichen Gewinnanspruch (§ 58 IV AktG) der Altaktionäre eingegriffen würde. Fehlt ein Beschluss der Hauptversammlung der C-AG über die Gewinnberechtigung der neuen Aktien, sind die jungen Aktien daher nur zeitanteilig gewinnberechtigt, § 60 II 3 AktG.

Nachdem der Vorstand und der Aufsichtsratsvorsitzende der C-AG den Kapitalerhöhungsbeschluss zur Eintragung in das Handelsregister angemeldet haben (§ 184 I 1 AktG), beginnt die Zeichnung der neuen Aktien, § 185 I 1 AktG. Die Zeichnung ist eine auf den Erwerb neuer Aktien aus einer Kapitalerhöhung gerichtete, empfangsbedürftige **Willenserklärung** des **Zeichners**, sog. Offerte.

Die Übernahme neuer Aktien setzt insbesondere keine Zulassung voraus, wie im Zeichnungsschein fälschlicherweise angegeben. Die Offerte erfolgt durch eine **schriftliche Erklärung** des Zeichners **an die AG** in **Form eines Zeichnungsscheins** (§ 185 I 1 AktG), der eigenhändig durch Namensunterschrift des Zeichners zu unterzeichnen ist, § 185 I 1 AktG i.V.m. § 126 I BGB. Der Verstoß gegen das Schriftformerfordernis führt zur **Nichtigkeit der Zeichnung** nach § 125 S. 1 BGB.

Nur wer **Gründer ist** (arg. § 23 II Nr. 1 AktG) ist, kommt als **Zeichner** in Betracht, dessen Angaben zur Person im Zeichnungsschein fehlen. Ohne die konkrete Angabe zur Person des Zeichners ist der **Zeichnungsschein nichtig**, § 185 II AktG. Die C-AG kommt jedoch als Zeichner nicht in Betracht, weil ihr der **Erwerb eigener Aktien verboten** ist (§ 56 I AktG) und auch Aktien durch ein von der C-AG abhängiges (§ 17 AktG) bzw. im Mehrheitsbesitz der C-AG stehendes Unternehmen (§ 56 II AktG) nicht gezeichnet werden dürfen.

---

[9] Hüffer, AktG, 8. Aufl. 2008, § 182 Rn 15.

Bei einem Verstoß haftet jedes einzelne Vorstandsmitglied der C-AG verschuldensunabhängig auf die volle Einlage (§ 56 IV 1 AktG).

Der **Inhalt des Zeichnungsscheins** bestimmt § 185 I 1 AktG. Danach müssen aus dem Zeichnungsschein insbesondere die **Beteiligung nach der Zahl und die Gattung der Aktien**, wenn mehrere Gattungen ausgegeben werden, hervorgehen. Diese Angaben sind im Zeichnungsschein unvollständig. Da Stückaktien selbst nur einen anteiligen Betrag des Grundkapitals gewähren (§ 8 III 3 AktG), ergibt sich deren Beteiligungsquote erst aus dem **Verhältnis der Gesamtzahl der Stückaktien zum Grundkapital** der C-AG. Der Zeichnungsschein hat daher die **Gesamtzahl der neuen Stückaktien** anzugeben, wobei klarzustellen ist, **wie viele neue Stückaktien auf die Gattungen der Stamm- bzw. Vorzugsaktien** entfallen. Nur so lässt sich die Zerlegung des (neuen) Grundkapitals (§ 1 II AktG) transparent gestalten.

Im Zeichnungsschein fehlen insbesondere auch die **Angaben zum konkreten Ausgabebetrag der neuen Aktien** sowie den **Betrag der festgesetzten Einzahlungen**, die nach § 185 I 3 Nr. 2 AktG zwingend erforderlich sind. Ohne deren konkrete Festsetzungen im Zeichnungsschein kann keine ordnungsgemäße Leistung der eingeforderten und eingezahlten Bareinlagen erfolgen.

Nach § 185 I 3 Nr. 4 AktG hat der Zeichnungsschein ferner **den Zeitpunkt zu enthalten, in dem die Zeichnung unverbindlich wird**, wenn nicht bis dahin Durchführung der Kapitalerhöhung eingetragen ist. Daraus folgt, dass sich der Zeichner nicht rückwirkend bindet (wie im Zeichnungsschein angegeben), sondern bis zu dem **Zeitpunkt der Eintragung der Durchführung der Kapitalerhöhung (§ 189 AktG)**. Der **Zeichnungsschein** der C-AG soll **doppelt ausgestellt** werden, § 185 I 2 AktG und muss **spätestens bei der Anmeldung der Durchführung der Kapitalerhöhung** zur Eintragung in das Handelsregister (§ 188 I AktG) vorliegen, § 188 III Nr. 1 AktG. Ein Verstoß gegen die Sollvorschrift des § 185 I 2 AktG berührt die Wirksamkeit der Zeichnungserklärung nicht.

Nach der Zeichnung der neuen Aktien erfolgt die Leistung der Einlagen[10]. Bei einer Barkapitalerhöhung sind nach § 188 II 1 AktG, der auf die Gründungsvorschriften der §§ 36 II, 36a und 37 AktG verweist, auf jede Aktie mindestens 25% des geringsten Ausgabebetrages (§ 9 I AktG), somit mindestens **EUR 0,25 je Aktie** einzuzahlen. Nach § 36a I AktG, der auf die zwingende Vorschrift des § 54 III 1 AktG verweist, muss die Mindesteinlage **entweder** durch Barzahlung **oder** Überweisung auf ein Konto der Gesellschaft zur (endgültigen) freien Verfügung des Vorstandes der C-AG eingezahlt werden. Eine Einzahlung des Aushabebetrages „bar" auf die Kontoverbindung der Gesellschaft, wie im Zeichnungsschein angegeben, widerspricht daher dem Gebot der Einzahlung in § 54 III 1 AktG. Klarzustellen ist im Entwurf des Zeichnungsscheins, dass die Einzahlung des Ausgabebetrages **unbar auf die Kontoverbindung der Gesellschaft** erfolgt.

Vor der Eintragung der Durchführung der Kapitalerhöhung (§ 189 AktG) dürfen **keine neuen Aktien ausgegeben** werden, § 191 S. 1 Var. 2 AktG. Die entgegen diesem Verbot ausgegebenen neuen Aktien sind **nichtig**, § 191 S. 2 AktG.

Lösung Frage 2:

Der in der Hauptversammlung der Z-AG erschienene Aktionär R, der gegen den Beschluss Widerspruch zur Niederschrift erklärt hat (§ 245 Nr. 1 AktG), kann einen Beschluss der Hauptversammlung wegen Verletzung des Gesetzes durch Klage anfechten, § 243 I AktG. Fraglich ist, ob der Ausschluss des Bezugsrechts im Beschluss der Hauptversammlung über die Kapitalerhöhung der Z-AG eine Verletzung des § 186 III 4 AktG darstellt. Nach § 186 III 4 AktG ist ein Ausschluss des Bezugsrechts insbesondere dann zulässig, wenn die Kapitalerhöhung gegen Bareinlage zehn vom Hundert des Grundkapitals nicht übersteigt und der Ausgabebetrag den Börsenpreis nicht wesentlich unterschreitet.

---

[10] Siehe die Tabelle zum Ablauf der Kapitalerhöhung gegen Einlagen in: Aus der Fünten, a.a.O., Teil 1, Kap. G. I. 1., S. 114.

Das Bezugsrecht der Aktionäre (§ 186 I AktG) kann aber nur im Beschluss über die Erhöhung des Grundkapitals ausgeschlossen werden, der einer Mehrheit von mindestens drei Viertel des bei der Beschlussfassung vertretenen Grundkapitals (sog. Kapitalmehrheit) bedarf, § 186 III 1, 2 AktG. Hier hat die Hauptversammlung der Z-AG einen Beschluss über den Bezugsrechtsausschluss im Kapitalerhöhungsbeschluss mit einer Mehrheit von 80% der Stimmen gefasst. Es wird unterstellt, dass es sich bei der Stimmenmehrheit um die sog. Kapitalmehrheit des § 186 III 2 AktG handelt. Weiter ist Voraussetzung, dass der beabsichtigte Ausschluss des Bezugsrechts ausdrücklich und ordnungsgemäß bekanntgemacht worden ist, § 186 IV 1 AktG.

Im vorliegenden Fall hat die Z-AG die Tagesordnung der Hauptversammlung sowie den geplanten Bezugsrechtsausschluss bei der Einberufung der Hauptversammlung in den Gesellschaftsblättern bekannt gemacht, § 124 I 1 AktG. Ferner hat der Vorstand der Z-AG einen schriftlichen Bericht über den Grund für den Bezugsrechtsausschluss der Hauptversammlung vorgelegt, der auch den vorgeschlagenen Ausgabebetrag begründet, § 186 IV 2 Halbsatz 2 AktG. Der wesentliche Inhalt des Vorstandsberichts über den Bezugsrechtsausschluss wurde bei der Einberufung der Hauptversammlung der Z-AG bekanntgemacht, entsprechend § 124 II 2 AktG. Schließlich hat der Bericht über den Ausschluss des Bezugsrechts von der Einberufung der Hauptversammlung an in den Geschäftsräumen der Z-AG und auch während der Hauptversammlung der Z-AG ausgelegt, entsprechend § 175 II 1 AktG.

Inhaltlich muss der Bericht detailliert den Grund über den Ausschluss des Bezugsrechts erläutern. Da nicht alle Aktionäre der Z-AG dem Bezugsrechtsausschluss ausdrücklich zugestimmt haben, bedarf es eines sachlichen Grundes für den Bezugsrechtsausschluss. Ein sachlicher Grund liegt vor, wenn der Bezugsrechtsausschluss im Zeitpunkt seiner Beschlussfassung durch einen sachlichen Grund im Interesse der Gesellschaft gerechtfertigt ist[11]. Der Eingriff in die mitgliedschaftliche- und vermögensrechtliche Stellung der vom Bezugsrecht (§ 186 I AktG) ausgeschlossenen Aktionäre der Z-AG diente insbesondere der konkreten

---

[11] Aus der Fünten, a.a.O., Teil 1, Kap. G. I. 3., S. 117.

Abwendung der ernsthaften Liquiditätskrise der Z-AG. Die Abwendung der Liquiditätskrise der Gesellschaft konnte im Interesse der Gesellschaft nur dadurch erreicht werden, dass die Z-AG zur Zeichnung neuer Aktie ausschließlich Investor I zulässt, der seine Investitionen davon abhängig machte, dass er eine Mehrheitsbeteiligung erhält.

Weiterhin muss der Bezugsrechtsausschluss das angemessene und am besten geeignete Mittel zur Verfolgung überwiegender Gesellschaftsinteressen darstellen[12]. Insbesondere sind andere Sanierungsbemühungen des Vorstands durch Aufnahme von Darlehen zu gegebenenfalls höheren Zinssätzen fehlgeschlagen, da sich kein Darlehensgeber gefunden habe, die mit der Kreditvergabe verbundenen Risiken zu übernehmen. Da andere Geldgeber als I nicht gefunden werden konnten, stellt die beabsichtigte Zeichnung der neuen Aktien durch Investor I unter Ausschluss des Bezugsrechts der Aktionäre das angemessene und am besten geeignete Mittel zur Verfolgung der Sanierungsbemühungen der Z-AG dar.

Materiell-rechtlich ist ein Bezugsrechtausschluss bei der börsennotierten Z-AG zulässig, wenn die Kapitalerhöhung gegen Bareinlagen 10% des Grundkapitals der Gesellschaft nicht übersteigt, § 186 III 4 AktG. Im vorliegenden Fall aber wurde durch den Kapitalerhöhungsbeschluss der Hauptversammlung das Grundkapital der Z-AG von EUR 5 Mio. auf EUR 10 Mio., also um 100% des Grundkapitals erhöht. Wegen Verstoßes gegen § 186 III 4 AktG ist die durch die Hauptversammlung der Z-AG beschlossene Barkapitalerhöhung mit Bezugsrechtsausschluss unwirksam.

Ergebnis: Da der Ausschluss des Bezugsrechts im Beschluss der Hauptversammlung über die Kapitalerhöhung der Z-AG eine Verletzung des § 186 III 4 AktG darstellt, kann Aktionär R den Beschluss der Hauptversammlung durch Klage anfechten.

---

[12] Aus der Fünten, a.a.O., Teil 1, Kap. G. I. 3., S. 117 und BGH, Urteil vom 19.04.1982 (II ZR 55/81) = BGHZ 83, 319 (321) unter Hinweis auf BGHZ 21, 354 (357).

Lösung Abwandlung 1:

In dieser Fallvariante ist der Bezugsrechtsausschluss nach § 186 III 4 AktG zulässig. Die Erhöhung des Grundkapitals der Z-AG gegen Bareinlagen von EUR 5,0 Mio. auf EUR 5,5 Mio. übersteigt 10% des Grundkapitals nicht und der Ausgabebetrag von 3% unter dem Börsenkurs unterschreitet den Börsenpreis nicht wesentlich. Eine wesentliche Unterschreitung ist in der Regel nur dann anzunehmen, wenn der Ausgabebetrag 5% oder mehr unter dem Börsenpreis liegt[13]. Eine Anfechtungsklage des Aktionärs R gegen den Kapitalerhöhungsbeschluss der Z-AG mit Bezugsrechtsausschluss hat daher keinen Erfolg.

Lösung Abwandlung 2:

Es handelt sich um keinen Bezugsrechtsausschluss, wenn nach dem Beschluss die neuen Aktien von einem Kreditinstitut mit der Verpflichtung übernommen werden sollen, sie den Aktionären zum Bezug anzubieten, § 186 V 1 AktG. In diesem Fall gelten die in § 186 III und IV AktG für den Ausschluss des Bezugsrechts aufgestellten formellen und materiellen Voraussetzungen nicht. Liegt nach § 186 V 1 AktG schon kein Bezugsrechtsausschluss im Rechtssinne vor, kommt eine Anfechtung des Kapitalerhöhungsbeschlusses gegen Einlagen mit Bezugsrechtsausschluss nach § 255 II 1 AktG nicht ansatzweise in Betracht.

---

[13] Aus der Fünten, a.a.O., Teil 1, Kap. G. I. 3., S. 117.

BEI GRIN MACHT SICH IHR WISSEN BEZAHLT

- Wir veröffentlichen Ihre Hausarbeit, Bachelor- und Masterarbeit

- Ihr eigenes eBook und Buch - weltweit in allen wichtigen Shops

- Verdienen Sie an jedem Verkauf

Jetzt bei www.GRIN.com hochladen und kostenlos publizieren